# LES ORLÉANAIS

AUX CONGRÈS

DES SOCIÉTÉS DES BEAUX-ARTS DES DÉPARTEMENTS

A PARIS

19ᵒ, 20ᵒ & 21ᵒ Réunions

TENUES

SALLE DE L'HÉMICYCLE, A L'ÉCOLE DES BEAUX-ARTS

1895-1897

ORLÉANS
IMPRIMERIE DE PAUL PIGELET
8, RUE SAINT-ÉTIENNE, 8

1897

# LES ORLÉANAIS

Aux Réunions des Sociétés des Beaux-Arts des Départements

## CONGRÈS DE 1895

### (19° SESSION)

#### Séance d'ouverture

En vertu d'un arrêté du 4 juin 1894, l'ouverture de la dix-neuvième session des Sociétés des Beaux-Arts a été fixée au mardi 17 avril 1895 pour se terminer le 20 avril. D'autre part, un arrêté du 28 mars 1895, rendu sur la proposition du directeur des Beaux-Arts, est ainsi conçu :

ARTICLE I$^{er}$. — Les séances seront successivement présidées par MM. A. Bardoux, sénateur, membre de l'Institut ; Jules Guiffrey, administrateur de la manufacture nationale des Gobelins ; Louis de Fourcaud, professeur à l'École des Beaux-Arts ; Anatole de Montaiglon, professeur à l'École nationale des Chartes.

ART. 2. — Le vice-président de chaque séance sera choisi parmi les délégués des Sociétés des Beaux-Arts.

ART. 3. — Les président et vice-président sont assistés, pendant la durée de la session, par M. L. Crost, chef de bureau de l'enseignement et des manufactures nationales, secrétaire du Comité et par M. Henry Jouin, secrétaire de l'École des Beaux-Arts, qui remplira en outre les fonctions de rapporteur de la session.

### Séance du vendredi 19 avril

*Présidée par M. Paul Foucart, correspondant du comité à Valenciennes.*

A l'ouverture de la séance, M. Henry Jouin, secrétaire-rapporteur de la session, fait part de la maladie qui retenait M. Anatole de Montaiglon en Touraine. Après en avoir référé à l'administration supérieure, M. le directeur des Beaux-Arts, sur sa proposition, a désigné M. Paul Foucart, correspondant du comité à Valenciennes, pour suppléer à l'absence de M. de Montaiglon. M. Paul Foucart se rend à l'invitation qui lui est faite par M. Henry Jouin, et prie M. Marionneau, membre non résident du comité à Bordeaux, de vouloir bien accepter la vice-présidence. Après la lecture du procès-verbal de la séance du jeudi 18 avril, l'ordre du jour appelle les lectures de MM. Fernand Engerand, Emile Biais, l'abbé Requin et Maxe-Werly.

. . . . . . . . . . . . . . . . . . . . . . . . . . .

M. H. Herluison, correspondant du comité à Orléans, a la parole sur Pierre Mignard. La pièce capitale sur laquelle s'appuie l'écrivain pour ajouter aux renseignements déjà connus relativement à Mignard est l'acte de vente et l'inventaire d'un hôtel possédé en 1730 par Catherine Mignard, comtesse de Feuquières. De nombreuses peintures sont inscrites dans cet inventaire et on peut supposer que parmi ces ouvrages beaucoup sont dus à Mignard.

M. Victor Advielle demande à M. Herluison au sujet de certaines œuvres de Mignard des éclaircissements qui lui sont donnés par son collègue.

M. Deslignières prend la parole et ajoute quelques renseignements à ceux qui viennent d'être fournis par MM. Advielle et Herluison.

La section entend avec intérêt la lecture faite par M. Herluison, en l'absence de l'auteur, du mémoire de M. L. Jarry, correspondant du comité à Orléans, intitulé : *Documents inédits sur un jugement peint par Michel-Ange au XVI° siècle, par Robert Le Voyer d'Orléans.* Le peintre dont s'est occupé M. Jarry reçut, vers 1570, le titre de citoyen romain en récompense de son travail, qui de nos jours est conservé au musée de Montpellier.

Après la lecture du dernier mémoire inscrit à l'ordre du jour, M. Henry Jouin, rapporteur général de la session, lit son rapport dont nous extrayons les lignes suivantes :

« Justiniana Van Dyck n'a pas eu, parmi les filles d'artistes, le privilège de la piété filiale. M. Herluison, correspondant du Comité à Orléans, a découvert une liasse de pièces inédites provenant de la succession de M^me de Feuquières, née Catherine Mignard. Au nombre de ces pièces se trouve une lettre du contrôleur général Desmarets, datée du 11 juin 1697 et concernant le tombeau monumental érigé à Mignard dans l'église des Jacobins. On sait que ce tombeau fut commandé par la comtesse de Feuquières. D'autre part, une quittance donnée par J. Guérin à la fille de Mignard, en 1730, établit qu'elle a payé, selon son engagement, une somme de 300 livres après l'impression de la *Vie* de son père. Il s'agit ici de l'ouvrage de l'abbé de Monville que Fontenelle avait lu en manuscrit « par ordre de M^gr le garde des sceaux » et dont il avait approuvé la mise sous presse le 25 août 1729. Une autre pièce a trait à l'acquisition, par le sieur Davasse de Saint-Amarand, d'un hôtel appartenant à M^me de Feuquières et dans lequel se trouvaient de nombreux tableaux. M. Herluison n'hésite pas à admettre que la majeure partie de ces peintures devaient être de Pierre Mignard. Nous pensons comme lui. Le délicat, dans la circonstance, c'est de statuer sur des toiles que nous ne pouvons ressaisir. L'indication des sujets traités est un premier jalon. Le culte filial de Catherine Mignard pour son père ne laisse pas place au doute sur le soin que dut prendre cette femme de cœur de s'entourer des œuvres du maître dont elle avait porté le nom. Sa statue par Le Moyne décora le monument de l'église des Jacobins. Elle est de nos jours à l'église Saint-Roch, dans une attitude désolée, aux pieds du *Christ* admirable de Michel Anguier. »

« Un Français, un peintre provincial, qui reçoit officiellement le titre de citoyen et de sénateur romain au XVIe siècle, c'est assurément un honneur des plus rares. Interrogez M. Jarry, correspondant du Comité à Orléans, il vous dira que Robert Le Voyer, son compatriote, bénéficia de ces appellations pompeuses. Qu'avait donc fait cet artiste pour mériter tant de bienveillance de la part des patriciens et des magistrats municipaux de la Ville éternelle? Il avait reporté sur sa toile le *Jugement dernier* de Michel-Ange, peint au palais Farnèse. Marcello Venusti, en 1549, s'était acquitté d'une tâche de même nature sur l'ordre de Paul III. Sa copie est à Naples. Robert Le Voyer peignit sa toile en 1570. Son œuvre est à Montpellier. La mention des lettres de citoyen et de sénateur romain accordées à Le Voyer a été découverte par M. Jarry, dans un recueil manuscrit du XVIIIe siècle. La date précise de ces lettres n'est pas indiquée, mais le motif de la distinction se trouve expressément stipulé. C'est la copie du *Jugement dernier* qui valut au peintre orléanais d'être acclamé citoyen romain. Je présume que Le Voyer dut peindre d'autres compositions. Il fut peut-être en son temps un maître de valeur. Bertolotti, dans ses *Artistes français à Rome du XVe au XVIIIe siècle*, omet de signaler le client de M. Jarry. Mais le malheur est réparable. Si les livres connus étaient sans lacunes, notre tâche de fureteurs n'aurait plus de raison. Je gagerais que Le Voyer, poursuivi par l'érudition persévérante de notre confrère, aura bientôt sa statue en pied, de belle grandeur, dans le panthéon des maîtres provinciaux. »

## Séance plénière

Le samedi 20 avril a eu lieu, dans le grand amphithéâtre de la nouvelle Sorbonne, sous la présidence de M. Poincaré, ministre de l'Instruction publique, des Beaux-Arts et des Cultes, l'assemblée générale qui clôt chaque année le Congrès des Sociétés savantes de Paris et des départements et des Sociétés des Beaux-Arts des départements.

Le ministre est arrivé à deux heures, accompagné de M. R. de Saint-Arroman, chef du bureau des travaux historiques et des Sociétés savantes, et de M. Pol Neveux, chef adjoint du cabinet.

Il a été reçu par M. Gréard, de l'Académie française, vice-recteur de l'Académie de Paris, par les hauts fonctionnaires de l'Université et par MM. les membres du comité des travaux historiques et scientifiques.

M. Poincaré a pris place sur l'estrade, ayant à sa droite : MM. Milne-Edwards, président du Congrès ; Wallon, sénateur, secrétaire perpétuel de l'Académie des inscriptions et belles-lettres ; Levasseur, membre de l'Institut, président de la section des sciences économiques et sociales du comité ; Lépine, préfet de police ; Frédéric Passy, Moissan, membres de l'Institut ; à sa gauche : MM. Faye, membre de l'Institut ; Léopold Delisle, membre de l'Institut, président de la section d'histoire et de philologie du comité ; Alexandre Bertrand, membre de l'Institut, président de la section d'archéologie du comité ; Roujon, directeur des beaux-arts ; Kaempfen, directeur des musées nationaux ; Davanne ; Fouqué, membre de l'Institut.

MM. Himly, Darboux, Chatin, Mascart, de Barthélemy, Grandidier, Troost, Lyon-Caen, Héron de Villefosse, de Rozière, Philippe Berger, Oppert, le docteur Hamy, Glasson, Juglar, Bischoffsheim, membres de l'Institut ; MM. Cagnat, Servois, Babelon, Guiffrey, Bruel, Tranchant, Vaillant, Maunoir, de Margerie, de la Blanchère, Marcel, Omont, membres du comité des travaux historiques et scientifiques ; M. Bergeron, secrétaire perpétuel de l'Académie de médecine ; MM. Steeg et Jost, inspecteurs généraux de l'enseignement primaire, etc., ont également pris place sur l'estrade.

Aux premiers rangs de l'hémicycle on remarquait : MM. Fringnet, Pestelard, Evellin, Joubin, Dupuy, Niewenglowski, inspecteurs de l'académie de Paris ; Albert Durand, secrétaire de l'académie de Paris ; Bertagne, proviseur du lycée Henri IV ; Gidel, proviseur du lycée Condorcet ; Fourteau, proviseur du lycée Janson-de-Sailly ; Plançon, proviseur du lycée Michelet ; Brehier, directeur du petit lycée Janson-de-Sailly ; Doumet-Adanson, général Pothier, docteur Fernand Lédé, vicomte Georges d'Avenel, Œhlert, H. Herluison, M$^{me}$ le docteur Potithouoff ; MM. Julliot, Eugène Lefèvre-Pontalis, marquis de Croizier, J.-F. Bladé, Charles Lucas, Yvernès, Joret-Desclozières, de Mély, Braquehaye, docteur Rouire, Tranchau, Camoin de Vence, Eugène Châtel, Maxe-Werly, Toussaint Loua, R. de la Grasserie, Martial Imbert, conseiller Pascaud, Gauthiot, Guénot, de Rey-Pailhade, Vermeille, Georges Harmand, Boutroue, Achille Laurent, Charlier Tabur, Eugène Gibert, Armand Gasté, Van Hende, Léon Maître, Lièvre, Joseph Letaille, Franche, sous-chef du bureau des travaux historiques et des Sociétés savantes, etc., etc.

La musique de la garde républicaine prêtait son concours à cette cérémonie.

M. le ministre a ouvert la séance et donné la parole à M. Moissan, de l'Académie des sciences, membre du comité des travaux historiques et scientifiques, qui a lu le discours d'usage.

M. le ministre a pris ensuite la parole. De son discours sont extraites les lignes suivantes :

« Messieurs, le Gouvernement a tenu, comme les années précédentes, à consacrer et à récompenser les efforts des Sociétés savantes et des Sociétés des Beaux-Arts. M. le Président de la

République a bien voulu, sur ma proposition, nommer chevaliers de la Légion d'honneur MM. le vicomte d'Avenel, Œhlert et Herluison.

« Vous connaissez tous M. le vicomte d'Avenel. Il est un des écrivains qui se sont distingués par la marque la plus personnelle dans les questions d'histoire économique.

« Des nombreux ouvrages qu'il a publiés je ne veux rappeler ici que cette longue et savante étude sur *Richelieu et la monarchie absolue*, qui a obtenu le grand prix Gobert à l'Académie française, et cette vaste et patiente information poursuivie, à travers sept siècles, sur la propriété, les salaires, les denrées et les prix.....

« M. Œhlert, également présenté à mon choix par le comité des travaux historiques, est, depuis plus de vingt ans, conservateur du musée d'histoire naturelle de Laval. Ses premiers travaux se rapportent à diverses questions de paléontologie ; il est de ceux qui ont le plus puissamment contribué à faire connaître les faunes paléozoïques de l'ouest de la France.....

« M. Herluison fait partie de plusieurs Sociétés historiques et archéologiques du Loiret. Il a publié ou édité, avec un goût parfait, plusieurs recueils ou livres sur les Beaux-Arts, l'imprimerie, la librairie, la reliure. Il a réédité le *Roman de la Rose*, imprimé pour la première fois les derniers chants, restés manuscrits, de la *Pucelle* de Chapelain. On lui doit une curieuse série d'estampes et de lithographies intéressant l'histoire de la ville d'Orléans et de la province orléanaise. Il a commencé dès 1855 la publication d'ouvrages populaires consacrés à la vie de Jeanne d'Arc, et il a, par là, contribué à répandre ce culte patriotique où communient, dans une même pensée, les partis opposés et où se réconcilient, comme devant tout ce qui parle de grandeur nationale, les rivalités intestines et les haines passagères. »

M. le Ministre ajoute :

« Que n'ai-je, Messieurs, le droit de finir avec l'éloge des vivants » et il a semé des fleurs sur la tombe de Leconte de Lisle, Ferdinand de Lesseps, Camille Doucet, Brown-Sequard, Mallard, Duchartre et enfin de Victor Duruy « qui fut, dit-il, sous un régime d'autorité un ministre tel qu'on en souhaiterait à un régime de liberté. »

M. de Saint-Arroman a donné ensuite lecture du décret conférant des distinctions dans l'ordre de la Légion d'honneur et des arrêtés ministériels décernant des palmes d'officier d'Instruction publique et d'officier d'Académie.

Sont nommés, sur la présentation du comité des Sociétés des Beaux-Arts :

I. — *Chevalier de la Légion d'honneur :*

M. HERLUISON (Henry-Théodore-Martin).

II. — *Officiers de l'Instruction publique :*

MM. E. Deslignières, G. Leymarie, P. Parrocel, A. Roserot.

III. — *Officiers d'Académie :*

MM. Georges Grandin, Paul Lafond.

# CONGRÈS DE 1896

## (20ᵉ SESSION)

Le 7 avril dernier, s'est ouverte, à l'École des Beaux-Arts, la 20ᵉ réunion des Sociétés des Beaux-Arts des départements. Les séances ont été successivement présidées par MM. Henry Havard, inspecteur général des Beaux-Arts ; Édouard Garnier, conservateur du Musée céramique de Sèvres, notre compatriote ; A. Kaempfen, directeur des Musées nationaux, et J. Guiffrey, conservateur de la Manufacture nationale des Gobelins.

Une cinquantaine de mémoires ont été présentés, notamment par MM. G. Vignat, notre président ; Herluison, correspondant du ministère des Beaux-Arts, et Paul Leroy, secrétaire de la Société des Amis des Arts d'Orléans.

Le vendredi 19 avril, M. Henry Jouin, dans un rapport substantiel et plein d'humour, a examiné chaque travail et rattaché par des liaisons heureuses les différentes études dont il a rendu compte. A ce persévérant érudit sont dus déjà les vingt rapports qui ont paru depuis l'institution des Congrès. C'est un titre à la reconnaissance de tous ceux qui, s'intéressant à l'histoire de l'art, ont suivi les séances, aidés par ses conseils et ses encouragements. De ce rapport sont extraits les passages suivants :

« M. Vignat, président de la Société historique et archéologique de l'Orléanais, nous retient sur le seuil de la cathédrale d'Orléans. Il appelle notre attention sur les portes du transept. Elles datent de 1693. L'intérêt qu'elles présentent est sérieux. Alors que l'édifice est de style gothique, les deux portes principales du transept sont décorées de colonnes de l'ordre corinthien et surmontées de frontons triangulaires. Il y a des anachronismes instructifs. Jean Fibardel, menuisier de talent, qui obtint par adjudication du 7 mai 1693, au prix de 3,560 livres tournois, la commande de ces portes, n'a point agi par caprice. Il est de son époque. En ce temps-là, les études archéologiques n'avaient pas le caractère qu'elles ont aujourd'hui. L'unité d'un monument importait peu. Chacun travaillait selon son inspiration personnelle, inscrivait son nom sur son travail et gravait un millésime. Nous y mettons plus de goût. Mais ne faisons pas un crime à nos devanciers de n'avoir pas soupçonné nos préoccupations esthétiques. Observées isolément, les portes du transept de la cathédrale d'Orléans sont décorées avec un rare talent. Des guirlandes, des arabesques, des branchages sculptés enlèvent aux panneaux ce qu'ils auraient de massif et de monotone sans ces agréments. Toutefois, entendons-nous ; Fibardel fit la menuiserie et non les sculptures. Quel fut l'ornemaniste dont le ciseau a si bien assoupli le bois ? M. Vignat ne peut le dire encore. Mais nous lui ferons crédit d'une année, et à la session prochaine il nommera devant vous, n'en doutez pas, l'artiste orléanais qui, jusqu'ici, se dérobe à ses recherches.

« Un financier du siècle de Louis XIV se plaignait, avec raison sans doute, de ne recevoir que des visites intéressées. « Il n'y a, « disait-il, que ma nièce Pauline qui sache m'approcher sans re-« garder dans mes poches. » Je n'ose espérer que MM. Herluison et Paul Leroy, de la Société des Amis des Arts d'Orléans, aient observé la réserve de la nièce du financier lorsqu'ils sont entrés chez l'architecte Delagardette. D'abord ils étaient deux et la discrétion que l'on s'imposerait volontiers n'est pas toujours gardée par le voisin. Ensuite ils étaient friands de satisfaire votre curiosité. Ils savaient d'avance votre soif de tout connaître. Et, ce ne sont pas seulement les poches, mais les tiroirs de l'artiste qu'ils ont inventoriés. Aussi ne reste-t-il plus rien à dire sur le compte de ce lauréat du grand prix d'architecture en 1791 qui, trois ans plus tard, obtenait au concours la faveur d'ériger à Orléans une « Sainte-Montagne ». Dénomination bizarre pour l'époque. Monument plus bizarre encore, dont le devis s'élevait à 180,000 livres. La « Sainte-Montagne », couverte d'arbres symboliques, devait être le piédestal constitutionnel et gigantesque d'une statue colossale de la « Liberté ». Delagardette se mit à l'œuvre. Tailleurs de pierre, maçons, terrassiers bouleversèrent le sol. Puis, l'argent manqua. Et Delagardette abandonnant sa tâche vint à Paris. En 1799, il débute brillamment comme publiciste et comme archéologue, par son ouvrage : *les Ruines de Pœstum ou de Posidonia mesurées et dessinées sur les lieux*. Quatre ans plus tard, il publie : *Nouvelles règles pour la pratique du dessin et du lavis de l'architecture civile et militaire*. MM. Herluison et Leroy le poursuivent à Toulon et à Montpellier, ce que Lance n'avait pas su faire. Ils nous racontent ensuite la fin prématurée de Delagardette qui vint mourir, âgé de quarante-cinq ans, à Orléans. Il convenait donc que des Orléanais prissent le soin de mettre en lumière la figure studieuse d'un artiste que la tombe, à défaut du berceau, à fait leur compatriote. »

(*Bulletin de la Société archéologique de l'Orléanais*).

# CONGRÈS DE 1897

## (21e SESSION)

La 21e session des réunions des Sociétés des Beaux-Arts s'est ouverte le mardi 20 avril 1897.

Les séances ont été présidées le 20, par M. Charles Yriarte, Inspecteur des Beaux-Arts, assisté de M. Lhuillier, membre non résident du comité à Melun. Le 21, par M. Louis Magne, architecte; M. Quarré-Reybourdon, vice-président. Le jeudi 22, par M. de Nolhac, conservateur du Musée de Versailles; M. H. Herluison, vice-président. Le 23, par M. L. de Fourcaud, professeur à l'école des Beaux-Arts; M. Deslignières, vice-président.

Le 20, M. G. Vignat, Président de la Société archéologique de l'Orléanais, a lu un travail sur l'adjudication de deux peintures à exécuter pour la cathédrale d'Orléans.

L'étude de M. G. Vignat sur l'art au rabais est des plus piquantes et la façon dont il fut procédé par le bureau chargé de réédifier l'église Sainte-Croix à l'égard du peintre Bonnard, constitue un chapitre anecdotique de l'histoire de l'art au dernier siècle.

Dans la séance du jeudi 22, la parole est donnée à MM. Herluison et Paul Leroy, membres de la Société des Amis des Arts d'Orléans, pour la communication de deux mémoires, lus le premier par M. P. Leroy, le second par M. Herluison. Ils sont intitulés : *Auteurs dramatiques musiciens et acteurs dans l'Orléanais*. Ce premier travail, très riche de noms et d'anecdotes, a été composé de documents de toute provenance. Il jette une lumière inattendue sur la société ancienne dans l'Orléanais. Bon nombre de personnages en vue se sont réfugiés, après les jours d'éclat, dans cette province pour y vivre ignorés et y mourir. Les futurs historiens du théâtre seront redevables de plus d'un renseignement utile à MM. Herluison et Leroy.

Le second : *Notes sur les archives du château de la Ferté*. Ces archives, sauvées de la destruction par M. Herluison, sont aujourd'hui conservées au dépôt départemental du Loiret. Elles renferment un inventaire des plus précieux pour l'histoire de l'art. Elles sont un jalon dont l'histoire de demain fera son profit.

Enfin, le vendredi 23, après les communications de divers membres, M. Henri Jouin tient l'assistance sous le charme durant une heure et demie par la lecture de son savant rapport qui résume les travaux de la session.

Nous en extrayons les passages qui concernent nos compatriotes :

« Les Orléanais d'autrefois — je me garde de leur comparer ceux d'aujourd'hui — se faisaient une singulière idée de l'œuvre d'art. M. Vignat, président de la Société archéologique et historique de l'Orléanais, ne nous a-t-il pas raconté qu'en 1706 « messieurs du bureau de réédification de l'église de Sainte-Croix » mirent à l'adjudication « au rabais » deux peintures destinées à la décoration du monument ! Ces peintures échurent à Robert Bonnart, qualifié peintre du roi, habitant Paris, rue du Foin, et remplissant l'office d'adjoint à professeur à l'académie de Saint-Luc. Notre artiste reçut 210 livres pour chacun des deux tableaux qu'il exécuta. Cette rémunération nous réconcilie avec les directeurs des travaux ; mais ce qui nous blesse, c'est le titre « d'entrepreneur » appliqué à Bonnart, lorsque, en somme, on lui demande un *Christ au jardin des Oliviers* et une *Vierge glorieuse*. Entrepreneur est humiliant. Je dirais même que le terme est invraisemblable, et sûrement nous ne connaissons pas le dessous de l'adjudication de 1706. M. Vignat en a eu le pressentiment. Il se peut, écrit-il, que Bonnart eût d'abord reçu la commande de ses tableaux et qu'on ait ensuite simulé une adjudication publique, le principe ayant été posé que toute dépense relative à l'église serait préalablement soümise à cette formalité. M. Vignat doit être dans le vrai. Les directeurs de l'œuvre de Sainte-Croix avaient sans doute éludé les prescriptions légales, et Bonnart fit leur jeu. Le plus adroit escamoteur ne va pas sans compère.

« Le cycle est parcouru. Nous avons épuisé la longue série des choses rares ou curieuses accumulées par vous en cette présente année avec le zèle, le goût, la pénétration et l'enjouement qui distinguent des érudits, des critiques épris de leur tâche et chez lesquels ne se trahit jamais aucune lassitude. Ai-je fini ? Non pas. Une dernière surprise nous est réservée par votre infatigable activité. Non contents d'avoir réuni de belles œuvres, voilà que du même coup vous avez évoqué les maîtres qui les ont produites. Ils se dressent, ils vivent à nouveau, ils accourent dociles à votre appel. Etrange musée que le vôtre, messieurs ! Il a non seulement ses galeries, mais un salon où j'aperçois groupés les peintres, les sculpteurs, les architectes, les dessinateurs, les musiciens et les acteurs de toute époque et de toute région. Désertons les chefs-d'œuvre muets et dirigeons-nous vers cette phalange heureuse d'hommes éminents. Nous leur devons quelques égards. Ce sera d'ailleurs notre dernière étape.

« Quel est ce groupe quelque peu mêlé où les gens s'agitent et s'interpellent ? MM. Herluison et Leroy veulent bien nous l'apprendre. Il est composé d'auteurs dramatiques et d'acteurs nés ou ayant vécu dans l'Orléanais. Approchons-nous. Voici Mondory, applaudi par Richelieu et l'ami de Corneille ; je reconnais Belleroche, Caroche, Cuvillier, la Champmeslé, célébrée par Racine et la Fontaine. Puis j'aperçois Chaulieu, Voltaire et une comédienne dont le nom retentissant n'a pas triomphé de l'oubli, M<sup>lle</sup> Suzanne-Catherine Gravet de Corsembleu de Livry. Non loin d'elle se tiennent Fleury, Raucourt, Legave, Dugazon, la petite Thomassin, Brizard, Monvel, M<sup>lle</sup> Mars, Beauvallet, M<sup>lle</sup> Falcon, Zulma Bouffard. Je devrais nommer les musiciens, maîtres de chapelles, instrumentistes, qui se pressent derrière cette phalange tumultueuse. Mais leur talent sévère, leur vie modeste, les ont empêchés d'acquérir la notoriété que conquièrent si rapidement les gens de théâtre. Ceux-ci ont un nom, et rien de plus ; ceux-là n'ont pas de nom, mais, par contre, plusieurs ont laissé des œuvres. Je prendrais volontiers parti pour ceux-là, c'est-à-dire pour les oubliés, qui souvent sont aussi les méritants. MM. Herluison et Leroy ont évoqué leur mémoire en compulsant de poudreux dossiers. Sachons-leur gré de cette réparation bien due aux compositeurs orléanais. Tout n'est pas dit encore sur le sujet, et vos confrères ajouteront sûrement plus d'une page aux extraits d'archives qu'ils ont fait passer sous vos yeux.

« Certains noms historiques ont le don d'éveiller en nous une phrase, un mot, un jugement fixés dans notre mémoire par quelque maître de la plume. Lorsque MM. Herluison et Leroy, correspondants du comité à Orléans, nous ont annoncé qu'ils parleraient ici de La Ferté, nous nous sommes souvenus de ce portrait tracé par Saint-Simon en 1703 : « Le duc de la Ferté « mourut cet été d'hydropisie, à quarante-sept ans. Il avait beau-« coup d'esprit, ou plutôt d'imagination ou de saillies, gai, « plaisant excellent convive, mais le vin le perdit ! » Le duc n'est pas flatté ; il est vrai que Saint-Simon s'inquiète peu d'embellir ses modèles. Le travail de vos confrères orléanais tempère le profil un peu dur laissé par Saint-Simon, car les archives exhumées par MM. Herluison et Leroy nous montrent les La Ferté amateurs ; et notre duc, à son heure, posséda les peintures, les pièces d'orfèvrerie que le maréchal son père avait acquises. Claude Deruet et Callot tiennent une place importante dans l'inventaire du maréchal. Deruet remplit l'office d'expert, Callot est qualifié « peintre à Nancy ». On cite douze de ses tableaux. Voilà qui donne à réfléchir. N'a-t-on pas prétendu que Callot, graveur de génie, ne savait pas peindre ? MM. Herluison et Leroy mettent en circulation un témoignage imprévu et de toute valeur. Mais il faut maintenant se mettre en quête des peintures de Callot. Elles représentaient des paysages. Où sont-ils ? Quelles mains les détiennent ?... Déception cruelle ! Callot, sans prénom dans l'inventaire de Deruet, n'est pas le grand, mais le petit ! Ce n'est pas l'oncle, c'est le neveu, Jean Callot, peintre dénué de souffle. Ne nous inquiétons plus de ses ouvrages, mais cherchons encore où se cachent les autres tableaux possédés par La Ferté. L'expert les a décrits, il ne reste plus qu'à les découvrir, à les marquer du doigt, à nommer leurs auteurs. Tâche laborieuse, sans doute, mais rendue possible par la publication d'archives heureusement sauvées en 1864 par M. Herluison et apportées ici en 1897. »

# ANNEXES

Le Président de la République française,

Sur le rapport du ministre de l'Instruction publique, des Beaux-Arts et des Cultes,

Vu la loi du 25 juillet 1873;

Vu la déclaration du Conseil de l'Ordre national de la Légion d'honneur, en date du 17 avril 1895, portant que les nominations comprises dans le présent décret sont faites en conformité des lois, décrets et règlements en vigueur,

Décrète :

Art. 1er. — Sont nommés chevaliers dans l'Ordre national de la Légion d'honneur :

M. Avenel (vicomte d') (Georges-Marie-René-Louis), membre de la Société d'archéologie, littérature, sciences et arts d'Avranches : Grand prix Gobert à l'Académie française (1889). Deux fois prix Rossi à l'Académie des sciences morales et politiques (1890-1892). Collaborateur du Comité des travaux historiques et scientifiques, auteur de publications relatives à l'histoire et à l'économie politique.

M. Herluison (Henri-Théodore-Martin), membre de la Commission du Musée d'Orléans, Correspondant du Comité des Sociétés des Beaux-Arts, auteur d'un remarquable ouvrage d'érudition, intitulé : *Actes d'état civil d'artistes français*, et d'un grand nombre de publications sur Jeanne d'Arc et sur les monuments de l'Orléanais. Prend part depuis 1877 aux sessions annuelles du Congrès des Sociétés des Beaux-Arts de Paris et des départements.

M. Œhlert (Daniel-Victor), conservateur de la Bibliothèque et des Musées scientifique et archéologique de Laval : Membre non résidant du Comité des travaux historiques et scientifiques, auteur de nombreux ouvrages scientifiques; 24 ans de services.

Art. 2. — Le ministre de l'Instruction publique, des Beaux-Arts et des Cultes et le Grand Chancelier de la Légion d'honneur sont chargés, chacun en ce qui le concerne, de l'exécution du présent décret.

Fait au Havre, le 10 avril 1895.

FÉLIX FAURE.

Par le Président de la République :
*Le ministre de l'Instruction publique,
des Beaux-arts et des Cultes,*

R. POINCARÉ.

*Journal officiel* de la République française, 21 avril 1895 (n° 2275).

---

### UNE DISTINCTION HONORIFIQUE BIEN PLACÉE

C'est avec un vif plaisir que nous apprenons la nomination de M. Herluison au grade de chevalier de la Légion d'honneur.

Les connaissances littéraires et artistiques de M. Herluison, son dévouement infatigable à tout ce qui fait la gloire de notre ville, devaient le désigner à cette haute distinction, et, en la lui accordant, à l'occasion du Congrès des Sociétés savantes, le ministère de l'instruction publique s'est acquitté d'une dette dont le payement honore son intelligence.

Orléans applaudira à cette distinction que l'homme de goût et l'ami des belles-lettres, le savant modeste et aimable, l'administrateur attaché à nos Musées, méritait de recevoir ; elle le liera encore davantage à la culture des choses intellectuelles et au renom si justement acquis de notre ville.

En le décorant de la Légion d'honneur, le Ministre des beaux-arts rappelait, entre autres titres, la part considérable prise par M. Herluison au développement du culte populaire de Jeanne d'Arc et à l'étude de ce qui concerne l'ancienne province d'Orléans. M. Herluison n'oublie pas cependant qu'il est d'origine champenoise et il vient de le prouver en consacrant une notice à quelques œuvres peu connues de Pierre Mignard. Il en a trouvé l'indication dans une liasse de pièces inédites provenant de la succession de Mme de Feuquières, fille du célèbre peintre. Ces pièces complètent, fort heureusement, les biographies de Pierre Mignard.

(*Journal du Loiret*).

## M. HERLUISON, CHEVALIER DE LA LÉGION D'HONNEUR

M. Herluison, notre sympathyique et savant compatriote, vient d'être nommé chevalier de la Légion d'honneur. Nous applaudissons de tout cœur à cette distinction si noblement gagnée et nous prions M. Herluison d'agréer nos plus vives et sincères félicitations.

Nous donnons, en dernière heure, le compte rendu de la cérémonie qui a eu lieu aujourd'hui à la Sorbonne, et le texte des paroles prononcées par M. Poincaré lui-même en remettant la croix à M. Herluison. Elles sont le résumé de tous ses travaux et le plus bel éloge que l'on puisse faire de lui.

Aujourd'hui, à deux heures, a eu lieu, dans le grand amphithéâtre de la Sorbonne, la séance de clôture du Congrès des Sociétés savantes de Paris et des départements.

M. Poincaré, qui présidait la cérémonie, a prononcé un discours résumant, en quelques phrases, les travaux accomplis depuis cinq jours par les différentes sections du Congrès, et fait particulièrement l'éloge de la section des sciences économiques et sociales. Il ajoute :

« M. le Président de la République a tenu, comme les années précédentes, à récompenser les travaux de ces Sociétés, et, sur ma proposition, a nommé chevaliers de la Légion d'honneur MM. d'Avenel, Œhlert et Herluison. »

En remettant la croix à M. Herluison, le ministre s'est exprimé en ces termes :

« M. Herluison fait partie de plusieurs Sociétés littéraires et artistiques du département du Loiret. Il a publié ou édité, avec un goût parfait, plusieurs volumes ou brochures ayant trait à la librairie et à la reliure, réédité le *Roman de la Rose*, imprimé pour la première fois le dernier chant resté manuscrit de la *Pucelle*, de Chapelain.

« On lui doit une curieuse série d'estampes et de lithographies, intéressant l'histoire de la ville et de la province d'Orléans.

« Il a commencé, dès 1855, la publication de brochures concernant la vie de Jeanne d'Arc, et il a, par là, contribué à répandre ce culte patriotique où se rencontrent, dans une même pensée, les partis opposés, et où se réconcilient, comme devant tout ce qui touche à la grandeur nationale, les rivalités intestines et les haines passagères. »

Le ministre a terminé ainsi :

« C'est, pour le ministre de l'instruction publique, un devoir et une joie de profiter de ces heures fugitives pour s'approcher de la source où vous puisez en commun et de vous apporter avant de repartir pour de nouvelles étapes ses félicitations et ses encouragements. »

Voici en quels termes le *Journal officiel* mentionnera, demain, les titres de M. Herluison :

« Est nommé chevalier de la Légion d'honneur, M. Herluison, membre de la Commission du Musée d'Orléans, correspondant du Comité de la Société des beaux-arts, auteur d'un remarquable travail d'érudition, intitulé : *Actes d'état civil d'artistes français*, et d'un grand nombre de brochures sur Jeanne d'Arc et sur l'Orléanais. Prend part, depuis 1877, aux sessions annuelles du Congrès des Sociétés savantes de Paris et des départements ».

Ajoutons qu'en 1877 M. Herluison, comme membre du Comité des beaux-arts, reçut, à la Sorbonne, des mains de M. Wadington, ministre de l'Instruction publique, les palmes académiques, et qu'en 1888, sous le ministère de M. Lockroy, il fut nommé officier de l'Instruction publique.

(*Le Patriote orléanais*).

## LE CONGRÈS DES SOCIÉTÉS SAVANTES

**Distribution des récompenses.
M. Herluison, chevalier de la Légion d'honneur.**

M. Poincaré, ministre de l'Instruction publique, a présidé aujourd'hui, à 2 heures, à la Sorbonne, la réunion de clôture du Congrès des Sociétés savantes et a prononcé un très intéressant discours.

Le ministre a ensuite distribué les récompenses suivantes.

Sont nommés chevaliers de la Légion d'honneur :

M. le vicomte d'Avenel, membre des Sociétés d'archéologie, de littérature, sciences et beaux-arts, à Avranches;

M. Herluison, membre de la commission du Musée d'Orléans, correspondant du comité des Sociétés des Beaux-Arts, auteur d'un remarquable ouvrage d'érudition intitulé : *Actes d'état civil d'artistes français*, et d'un grand nombre de publications sur Jeanne d'Arc et les monuments de l'Orléanais.

Il a pris part depuis 1877 aux réunions annuelles et au Congrès des Sociétés des beaux-arts de Paris et des départements;

M. Œhlert, conservateur de la bibliothèque et des musées de Laval.

Voici les paroles que M. Poincaré, dans son discours, a consacrées à M. Herluison.

« M. Herluison fait partie de plusieurs Sociétés historiques et artistiques du Loiret. Il a publié ou édité avec un goût parfait plusieurs recueils ou brochures sur l'imprimerie, la librairie, la reliure.

« Il a réédité le *Roman de la Rose*, imprimé pour la première fois les derniers chants restés manuscrits de la *Pucelle*, de Chapelain.

« On lui doit une curieuse série d'estampes et de lithographies intéressant l'histoire de la ville et de la province d'Orléans.

« Il a commencé, dès 1855, la publication de brochures populaires consacrées à la vie de Jeanne d'Arc et il a, par là, aidé à répandre ce culte patriotique où communient dans une même pensée les partis opposés, et où se réconcilient comme devant tout ce qui parle de la grandeur nationale les rivalités intestines et les haines passagères. »

(*Le Républicain orléanais*).

---

### CHRONIQUE DIOCÉSAINE

**En Sorbonne.** — La « studieuse Orléans » a été honorablement représentée aux doctes assises de la Sorbonne. M. Tranchau, ancien président de notre Société archéologique et M. le comte Baguenault de Puchesse, son président actuel, en ont présidé une section; et MM. L. Jarry et Herluison, correspondants orléanais du Comité des beaux-arts, y ont fait des lectures, le vendredi 19 avril.

Voici en quels termes flatteurs M. H. Jouin, secrétaire-rapporteur du Comité, s'exprime sur le mémoire de M. Jarry.

« Un Français, un peintre provincial qui reçoit officiellement le titre de citoyen et de sénateur romain au XVIe siècle, c'est assurément un honneur des plus rares. Interrogez M. Jarry, correspondant du Comité à Orléans, il vous dira que Robert Le Voyer, son compatriote, bénéficia de ces appellations pompeuses.

La lecture de M. Henri Herluison avait pour sujet : *Pierre Mignard*. La pièce capitale, sur laquelle s'appuie l'écrivain pour ajouter aux renseignements déjà connus relativement à Mignard, est l'acte de vente et l'inventaire d'un hôtel possédé en 1730 par Catherine Mignard, comtesse de Feuquières. De nombreuses peintures sont inscrites dans cet inventaire, et on peut supposer que, parmi ces ouvrages, beaucoup sont dus à Mignard.

Déjà officier d'Académie et de l'Instruction publique, M. Herluison a été proclamé, en séance générale, par M. le ministre de l'Instruction publique, chevalier de la Légion d'honneur. Et voici comment M. le ministre a motivé, dans son allocution à la Sorbonne, le choix du gouvernement :

« M. Herluison fait partie de plusieurs Sociétés historiques et artistiques du Loiret. Il a publié ou édité, avec un goût parfait, plusieurs ouvrages ou brochures sur l'imprimerie, la librairie, la reliure. Il a réédité le *Roman de la Rose*; imprimé pour la première fois les derniers chants restés manuscrits de *la Pucelle*, de Chapelain. On lui doit une curieuse série d'estampes et de lithographies intéressant l'*Histoire de la ville et de la province d'Orléans*. Il a commencé, dès 1855, des *publications populaires*, consacrées à la vie de *Jeanne d'Arc*; et il a, par là, contribué à répandre ce culte patriotique, où communient dans une même pensée les partis opposés, et où se réconcilient, comme devant tout ce qui parle de grandeur nationale, les rivalités intestines et les haines passagères. »

Le monde des érudits et les dévots de Jeanne d'Arc ont applaudi à la distinction si méritée dont notre concitoyen a été l'objet. Bibliophile provincial, mettant, avec une complaisance inaltérable et désintéressée, au service des travailleurs son érudition sur l'histoire locale et sur Jeanne d'Arc, et ses connaissances du « Livre », M. Herluison s'est fait une réputation de bon aloi, qui justifie l'honneur que le gouvernement lui a décerné.

Monseigneur s'est empressé de féliciter le nouveau chevalier, l'éditeur attitré et persévérant des *Panégyriques de Jeanne d'Arc*, anciens et modernes.

(*Annales religieuses du diocèse d'Orléans.*)

# SOCIÉTÉ ARCHÉOLOGIQUE DE L'ORLÉANAIS

### Séance du vendredi 26 avril 1895.

*Présidence de* M. BAGUENAULT DE PUCHESSE, *président.*

M. le Président fait part en ces termes à la Société des distinctions très méritées, obtenues par trois de nos collègues : MM. l'abbé Desnoyers, Bailly et Herluison :

MESSIEURS,

Rarement la vieille sentence, recueillie par Gabriel Meurier au XVIe siècle, qu' « un malheur n'arrive jamais seul », n'a trouvé un aussi éclatant démenti parmi nous que dans la quinzaine qui vient de s'écouler. Trois de nos collègues ont reçu d'insignes distinctions très méritées, dont l'honneur rejaillit sur notre compagnie tout entière et dont nous voulons largement prendre notre part de plaisir ; on dirait qu'il n'y a que dans la Société archéologique, à Orléans, qu'on rencontre à des titres divers des récompenses à décerner, des gloires locales à signaler, en allant les chercher dans leurs calmes et modestes retraites.

Notre vénérable doyen, notre seul fondateur survivant, notre ancien président, M. Desnoyers — je ne veux plus l'appeler M. l'abbé et je n'ose le nommer Monseigneur — a été élevé par le grand pontife Léon XIII, bon juge en savoir et en belles-lettres, à la dignité de *Protonotaire apostolique*, et cette nomination, par laquelle est grandement honoré le plus ancien des vicaires généraux de France, lui a été annoncée par une lettre publique de notre éloquent évêque, bien digne d'en rehausser le prix.

M. Bailly, dont nous étions heureux naguère de constater le grand succès à l'occasion de la publication d'une œuvre de longue haleine et de profonde érudition, vient d'obtenir, de l'*Association pour l'encouragement des études grecques*, le grand prix Zographos, qu'il appartenait bien à cette Société de lui décerner.

Et enfin, M. Herluison, dans la séance solennelle du Congrès à la Sorbonne des Sociétés savantes des départements, a reçu, de la main même de M. le Ministre de l'Instruction publique et des Beaux-Arts, la croix de la Légion d'honneur, après avoir entendu l'éloge le plus complet et le plus juste des travaux accomplis en quarante années de laborieuse et intelligente profession. Il semble que revivent en lui ces grandes traditions de la Renaissance, quand imprimeurs et libraires rivalisaient avec les écrivains pour la gloire des lettres et des sciences, quand les Estienne, et chez nous les Hotot, les Éloi Gibier, les Boynard jouissaient d'une universelle renommée.

Que nos excellents collègues veuillent bien recevoir ici nos plus affectueuses et plus vives félicitations, et qu'ils nous permettent d'être fiers pour la Société des honneurs qui ont été décernés à leurs personnes et à leurs œuvres!

(*Bulletin de la Société archéologique de l'Orléanais.*)

## LÉGION D'HONNEUR

Parmi les légionnaires promus à l'occasion du Congrès des Sociétés savantes, nous relevons avec plaisir le nom de M. Henri Herluison, l'érudit libraire d'Orléans, auteur de plusieurs ouvrages estimés. M. Herluison est presque notre concitoyen, il est le petit-neveu de l'abbé Grégoire-Pierre Herluison, qui fut bibliothécaire de la ville de Troyes sous le Directoire et le premier Empire.

Nous adressons à M. Herluison, qui est membre correspondant de la Société académique de l'Aube, nos bien sincères félicitations.

(*Petit Républicain de l'Aube*).

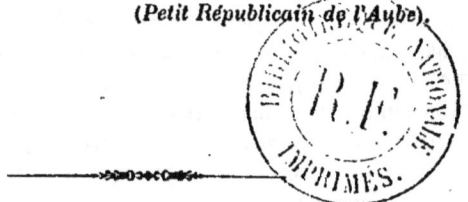

www.ingramcontent.com/pod-product-compliance
Lightning Source LLC
Chambersburg PA
CBHW060631050426
42451CB00012B/2530